Susanne Seidenfaden

**Wochenend' und Sonnenschein ...**

# UNSERE FREIZEIT

**in den 50er Jahren**

Lebensgefühl einer Generation

Wartberg Verlag

**Fotonachweis:**

Georg Schmidt, S. 11 oben, S. 19 Mitte, S. 20 oben, S. 21 Mitte, S. 27 oben, S. 29 unten, S. 32 oben, S. 34 unten, S. 51 oben und unten, S. 38 unten, S. 50 oben; (12 Fotos)
Eugen Sauter S. 15 oben und unten links, S. 16 oben rechts und Mitte, S. 18 Mitte, S. 24 oben und unten, S. 22 unten links, S. 37 oben und unten, S. 40 Mitte und unten, S. 41 oben und unten, S. 43 oben, S. 50 unten; (16 Fotos)
Alfred Lambeck, S. 10 unten, S. 21 unten, S. 22 oben, S. 35 links und rechts oben, S. 39 unten; S.63 unten (7 Fotos)
Georg Eurich, S. 29 oben, S. 30/31 unten und S. 31 oben, S. 34 Mitte, S. 36, S. 18 Mitte, S. 47 oben rechts; (7 Fotos)
Erich Borrmann, S. 19 unten, S. 40 oben, S. 42 unten; (3 Fotos)
Klaus Meier Ude, S. 8, S. 44 oben rechts und unten; (3 Fotos)
Hans-Joachim Baron, S. 35 unten; (1 Foto)
Lengemann, S. 48 oben rechts; (1 Foto)

Archive/Sammlungen:
Sächsische Landesbiliothek, Staats- und Universitätsbibliothek, Abt. Deutsche Fotothek, Nachlass Pisarek, S. 4 oben, S. 31 oben und unten links, S. 55 unten und S. 56 drei Fotos oben, S. 62 und 63 oben; (9 Fotos)
Historisches Archiv der Stadt Köln, Nachlass Teo Felten, S. 28 unten links, S. 5 oben; (2 Fotos)
Stadtarchiv Ludwigshafen, S. 47 oben; (1 Foto)
Landesmuseum für Technik und Arbeit in Mannheim, S. 17 oben links; (1 Foto) Staatsarchiv Wiesbaden,
Stadtarchiv Heidelberg, S. 17 oben rechts, S. 18 oben und unten, S.14 oben rechts, unten links und rechts; S.43 unten, S. 54 oben, und Mitte, S. 55 oben; (10 Fotos)
Stadtarchiv Wiesbaden, S.4 unten, S. 58 oben, S. 59 bis 61 (9 Fotos)
Staatsarchiv Freiburg W 134, Sammlung Willy Pragher, S.48 Mitte, Nr. 26.230 B, unten, Nr. 26.225, S. 49 oben, Nr. 26.216 B, und unten, Nr. 19.580 B; (3 Fotos)
Kurt Schnöring, S. 15 unten rechts, S. 22 unten rechts, S.46 oben; (3 Fotos)

Carmen A. Stolzenberg, S. 9 oben links, S. 28 oben links; Asta Stolze, S.12 oben; Christel Pranger, S. 6 oben; Christine Schröder, S. 6 unten; Dagmar Mehlhase, S. 13 unten; Dietlinde Plümer, S. 10 oben; Ehrhart Appell, S. 11 oben; Elfriede Konitzka, S. 34 oben; Elvira Hakenes, S. 5 unten; Ernst Krönert, S. 38 oben; F. M. Röse, S. 5 unten links; Günter Felsing, S. 25 unten; Heike Eggert-Schröder, S. 26 oben; Heinz Böhm, S. 16 oben links; Heinz Pfeil, S. 19 oben; Heinz Reiß, S. 7 unten; Helga Günther, S. 23 oben; Helga Rosenau, S. 4 Mitte; Helmut Glück, S. 12 unten; Hermann Birke, S. 25 oben; Hildegard Herrmann, S. 9 oben rechts; Hildegard Kurelia, S. 9 unten; Hildegard Kuschmierz, S. 7 oben; Inge Homberger, S. 17 unten; Irmgard Bayer, S. 20 Mitte; Irmgard Ripke, S. 28 unten rechts; Kalle und Traudel Schilling, S. 27 Mitte; Karl-Hermann Eggert, S. 14 oben links; A. Kaup, S. 21 oben; Marlies Blackert S. 23 unten; Mike Gerke, S. 27 unten; Paul Becker, S. 28 oben rechts; Traute Daschke, S. 16 unten; Ursula Daetz, S. 13 oben, S. 26 unten; Uwe Mathys, S. 20 unten; Willi Maguhn, S. 39 oben; Marta Visosky, S. 42 oben; Renate Mros, S. 44 links; Wolfgang Röder, S. 45 oben; Karin M. Will, S. 45 Mitte und unten; Erhard Rölke, S. 46 Mitte; Egon Hodacki, S. 46 unten; Eberhard Trogisch, S. 47 Mitte; Margrit Kosiok, S. 47 unten; Hildegard Rademacher, S. 51 bis 53; Gisela Isernhagen, S. 54 unten; Dieter Hoppe, S. 56 links unten;
Gerda Dreyer, S. 56 rechts unten; Wolfgang Steinwedel, S. 57 links oben; Heinz Gerlach, S. 57 oben rechts; Jenni Heyne, S. 57 unten rechts; Ingrid Rustemeyer, S. 58 unten links

1. Auflage 2002

Satz und Layout: Typographische Dienste U. Weiss, Borken (Hessen)
Druck: Thiele & Schwarz, Kassel
Buchbinderische Verarbeitung: Buchbinderei Büge, Celle

34281 Gudensberg-Gleichen, Im Wiesental 1
Tel.: 0 56 03/9 30 50
www.wartberg-verlag.de
ISBN 3-8313-1266-4

# VORWORT

Die 50er Jahre waren in Deutschland harte, aber auch spannende Jahre. Infolge des Kalten Krieges waren 1949 zwei Staaten in Deutschland entstanden. Ab diesem Jahr gehörte die Bundesrepublik Deutschland zur westlichen Staatengemeinschaft. Die Deutsche Demokratische Republik wurde Bestandteil des Ostblocks. 1955 traten beide deutschen Staaten dem jeweiligen Militärbündnis – der NATO und dem Warschauer Pakt – bei. Noch im gleichen Jahr erlangten sie die formale Souveränität. Ihre Einbindung in den westlichen beziehungsweise den östlichen Machtblock war damit abgeschlossen. Nicht jedoch die Entwicklung der Menschen in beiden Ländern. Viele DDR-Deutsche flohen in die Bundesrepublik, weg von der sozialistischen Zentralplanwirtschaft, die nach sowjetischem Vorbild in der DDR etabliert wurde und wenig auf die Bedürfnisse der Bevölkerung achtete. Die DDR war ein Vorposten der UdSSR und wurde nach sowjetischem System regiert. Verfolgung und Niederschlagung jeglicher Opposition durch die SED mit Walter Ullbricht an der Spitze sorgte für Angst und Schrecken. Mit jedem Jahr stieg deshalb die Zahl der Flüchtlinge, der Unmut der DDR-Bevölkerung fand mit dem Aufstand vom 17. Juni 1953 seinen Höhepunkt.

Die 50er Jahre waren zunächst noch geprägt von Entbehrungen, Armut und fast hoffnungsloser Enge in den wenigen intakten Wohnungen. Im Westen waren sie auch die Jahre des Aufbruchs, der Neuentwicklung des Selbstwertgefühls und des Wirtschaftswunders, das bald Wohlstand bringen sollte. Zunächst jedoch ging es erst einmal darum, wieder ein vernünftiges Leben im Nachkriegsdeutschland führen zu können. Die Städte waren voll mit Wohnungslosen, Vertriebenen und Flüchtlingen. Es gab Einquartierungen, niemand hatte das Recht auf unbeschränkten Wohnraum, Familien bekamen im eigenen Haus nur ein oder zwei Zimmer zugewiesen, je nachdem wie viele Personen sie waren und wie viel Wohnraum ihnen zustand. Die anderen Zimmer wurden mit Wohnungslosen belegt. Diese Situation dauerte teilweise bis weit in die 50er Jahre an. Lebensmittel gab es ab April 1950 nicht mehr nur auf Lebensmittelmarken, es entstand wieder ein freier, wenn auch eingeschränkter Markt. Arbeit gab es bald genug, denn nachdem sich Wirtschaftsminister Ludwig Erhard mit dem Konzept der sozialen Marktwirtschaft durchgesetzt hatte, ging es steil bergauf. Der ökonomische Aufschwung trug dazu bei, dass die drängenden sozialen Probleme wie Arbeitslosigkeit und Wohnungsnot gelöst werden konnten. Man war wieder wer!

Wie sich die Deutschen mit ihrer Situation arrangierten, wie sie ihren Lebensmut und im Westen ihre Freiheit genossen, soll das vorliegende Buch mit seinen vielen Bildern aus West- und Ost-Deutschland vor Augen führen.

*Susanne Seidenfaden*

Nach getaner Arbeit hatte wohl kaum jemand Lust, gleich nach Hause zu gehen. Dort wartete wieder nur Arbeit, und auch die Wohnraumsituation trug nicht dazu bei, sich zuhause besonders wohl zu fühlen. Also flanierte man noch ein wenig im Park, ging in die Eckkneipe oder traf sich draußen mit Freunden.

◀ Über den Dächern von Berlin ruhen sich diese beiden jungen Männer nach der Arbeit aus und genießen die letzten Sonnenstrahlen hoch über der Hektik der Stadt. Das Bild entstand an der Schönhauser Allee in Ost-Berlin.

▶ Petticoat und Nylonstrümpfe: Wer etwas auf sich hielt, hatte diese beiden Outfits stets dabei – und war natürlich auf dem Weg zum Tanz, am besten zum Rock'n' Roll. Der trieb den älteren Generationen den Angstschweiß auf die Stirn, fürchtete man doch sehr um Sitte und Anstand bei den Jugendlichen. Wie hier bei diesen vergnügten Mädchen, die 1959 in der Nähe von Gießen aufgenommen wurden.

◀ Die Bänke des Kurparks in Wiesbaden waren in den 50er Jahren voll besetzt, wenn ein Kurgartenkonzert veranstaltet wurde, wie das Foto zeigt. Die Konzerte, die vor dem Krieg gang und gäbe gewesen waren, wurden erst ab April 1950 unter Leitung des Kapellmeisters Ernst Schalck wieder ins Leben gerufen.

▲Kaffee trinken, ein Schwätzchen halten, in der freien Natur sein: Die Kölner Gesellschaft traf sich in der „Flora". Der exotisch angelegte Garten war zunächst unter anderem wegen der teuren Gastronomie nur etwas für den betuchten Kölner, doch im Verlauf der 50er Jahre entwickelte sich der Park immer mehr zum Erholungspark für jedermann.

▲Bin ich mit auf den Fotos? Die Bürger einer nordhessischen Kleinstadt drängeln sich hier vor Fotos eines Karnevalsumzugs, bei dem der örtliche Fotograf Schnappschüsse gemacht hatte.

▼„Schwappt er jetzt oder nicht?", scheint der Gesichtsausdruck des Stiefeltrinkers zu sagen. Am Feierabend gönnte man sich, wie hier in Nordhessen, gerne ein Bierchen in der Kneipe und ließ dabei den Tag ausklingen.

◀ Im Schallplattenladen ließ es sich prima feststellen, welche Musik gerade angesagt war. Diese drei Mädchen lauschen an der Musik-Bar eines Gelsenkirchener Geschäfts dem neuesten Rock'n' Roll.

◀ Von Eisdielen war man in Lüneburg in den 50er Jahren noch weit entfernt. Vielmehr zog der Eismann mit seinem Wagen durch die Stadt und bot seine süßen Leckereien an. Eine große Auswahl gab's freilich noch nicht, drei bis vier Fruchtsorten und natürlich Vanilleeis waren aber dabei.

Mobil sein, das war schon was in den 50er Jahren. Ob mit Pferdewagen, Fahrrad, Motorrad oder gar dem Auto: Hauptsache war, dass man einen fahrbaren Untersatz hatte. Der wurde für die Arbeit genutzt, aber lieber noch in der Freizeit. Ausfahrten zum Picknick, die Rollerfahrt zum Rock'n' Roll-Treff, Familienbesuche und auch die ersten Ferienfahrten ins nahe Ausland standen hoch im Kurs.

▲ Noch hatte das Pferd als Arbeitstier nicht ausgedient. In Gelsenkirchen fuhr die Bäckerei Jakobus ihre Backwaren noch 1952 mit dem Pferdewagen zu den Kunden.

▲ Verkehrserziehung wurde groß geschrieben, nahm doch der Straßenverkehr und damit die Zahl der Unfälle immer mehr zu. In der Jugendverkehrsschule lernten die Buben und Mädchen aus Gelsenkirchen gleich im Klassenverband, worauf es ankommt.

▲ Raum ist im kleinsten Gefährt. Was wochentags zum Ausfahren gut genug war, diente am Wochenende als Sitzplatz für die Mama mit den beiden Kindern. Und der Papa musste strampeln, um in Berlin mit seiner Familie ins Grüne zu fahren.

▶ Motorroller waren der letzte Schrei. Jeder Pfennig wurde gespart, um sich das begehrte Gefährt leisten zu können. Einen kleinen Nebenverdienst bekamen sicherlich diese jungen Leute in Hannover, die ihre Roller für Werbezwecke zur Verfügung stellten.

◀ Für zwei Liebende das ideale Fahrzeug: der Messerschmidt-Kabinenroller. Er hatte nur zwei Plätze, eine Glaskuppel und einen Lenker wie am Fahrrad.
Die Aufnahme entstand am Blauen See in Garbsen, in der Nähe Hannnovers.

▲ Am Wochenende ging's auf große Fahrt. Von Rockern noch gar keine Spur. Vielmehr hatte man Spaß daran, mit dem Schatz auf dem Sozius aus der Stadt zu kommen. Die Aufnahme entstand 1955 in Horst im Ruhrgebiet.

◀ Wenn die Familie – wie hier aus Nordhessen – größer wurde und das Geld für ein Auto noch nicht reichte, kam kurzerhand ein Beiwagen ans Motorrad und man konnte mit Kind und Kegel sogar in Urlaub fahren.

▶ Goggo baute mit seinem Goggomobil den populärsten Kleinwagen in den 50er Jahren.

◀ Mit dem Vespa-Club in Remscheid unternahmen die Clubmitglieder Fahrten in die nähere Umgebung. Neben der italienischen Vespa gab es noch die Lambrettas und deutsche Roller, wie den teuren Heinkel-Motorroller.

▲ Vor dem Berufsschulzentrum stand plötzlich ein lackglitzernder GOLIATH aus dem Haus Borgward – Baujahr 1955. Den musste man sich genauer ansehen!

◀ Man nahm auch Oldtimer, wie diesen DKW Baujahr 1932 in Nordhessen, der nach dem Krieg von den jungen Männern wieder hergestellt worden war. Eine Besonderheit ist die Karosserie des Autos, die zum Teil aus Sperrholz bestand.

▶ Bis zum Ende der 50er Jahre überstieg die Zahl der zugelassenen Autos diejenigen der Motorräder. Man war wieder wer und konnte sich etwas leisten. Die Kfz-Händler fingen an, kräftig die Werbetrommel für ihre Produkte zu rühren.

◀ Nach Kriegsjahren, Entbehrungen und Hunger hatte man doch den Humor nicht verloren. Das Straßenschild erinnerte einen jungen Liebhaber so sehr an seine kurvenreiche Freundin, dass er sie in der Nähe von Lüneburg damit aufs Celluloid bannte.

▲ Schick gekleidet, das Auto blitzblank gewienert – so zeigte man sich in Oberhessen gerne am Wochenende. Die Kleinschnittger Coupés waren übrigens recht selten.

Als der Wohlstand zunahm und man auch zuhause das Gefühl hatte, der eigene Herr im Haus zu sein, richteten sich die Menschen gemütlich ein und blieben auch gerne am Wochenende oder am Abend in heimischen Gefilden. Das Wirtschaftswunder sorgte dafür, dass es auch dort nicht an Unterhaltung fehlte.

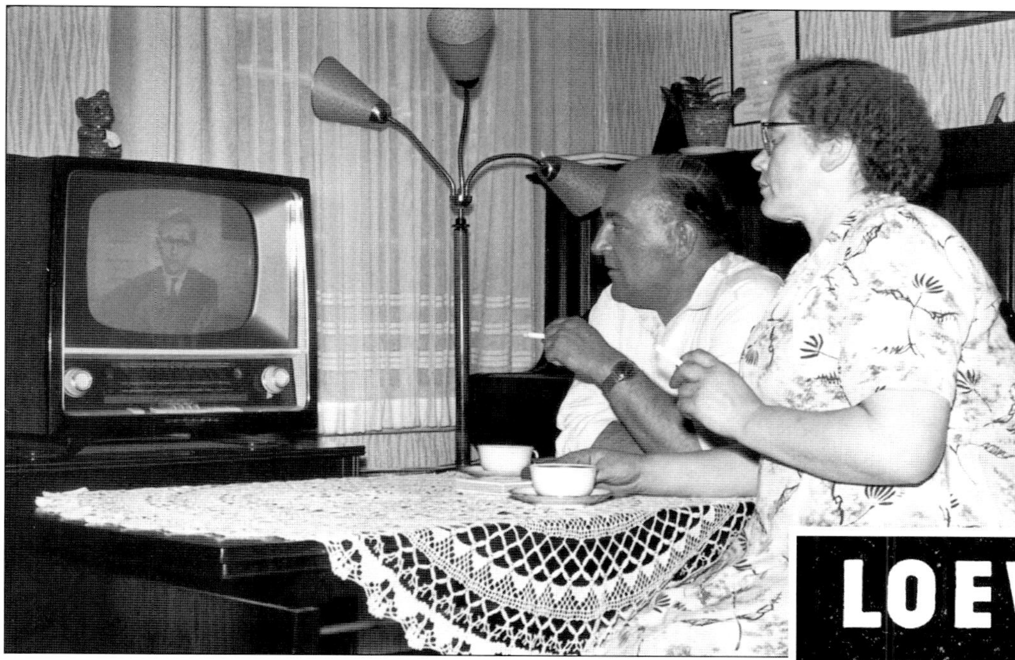

▲ Wirtschaftswunder, erster Wohlstand – ein Fernseher. Gebannt sitzt das Ehepaar aus Lüneburg am Kaffeetisch mit Häkeldecke vor dem TV-Gerät.

▶ Einen Fernseher besitzen, das war schon was. Die Programmauswahl war minimal, gesendet wurde nur ein paar Stunden am Nachmittag oder Abend, aber das tat der Faszination dieser neuesten technischen Errungenschaft keinerlei Abbruch.

◀ Noch war der Gabentisch zu Weihnachten nicht so prall gefüllt, wie es unsere Kinder gewöhnt sind. In den 50er Jahren teilten sich Geschwister noch wohl oder übel ein Geschenk, das dann auch etwas größer ausfiel, wie hier ein Fahrrad.

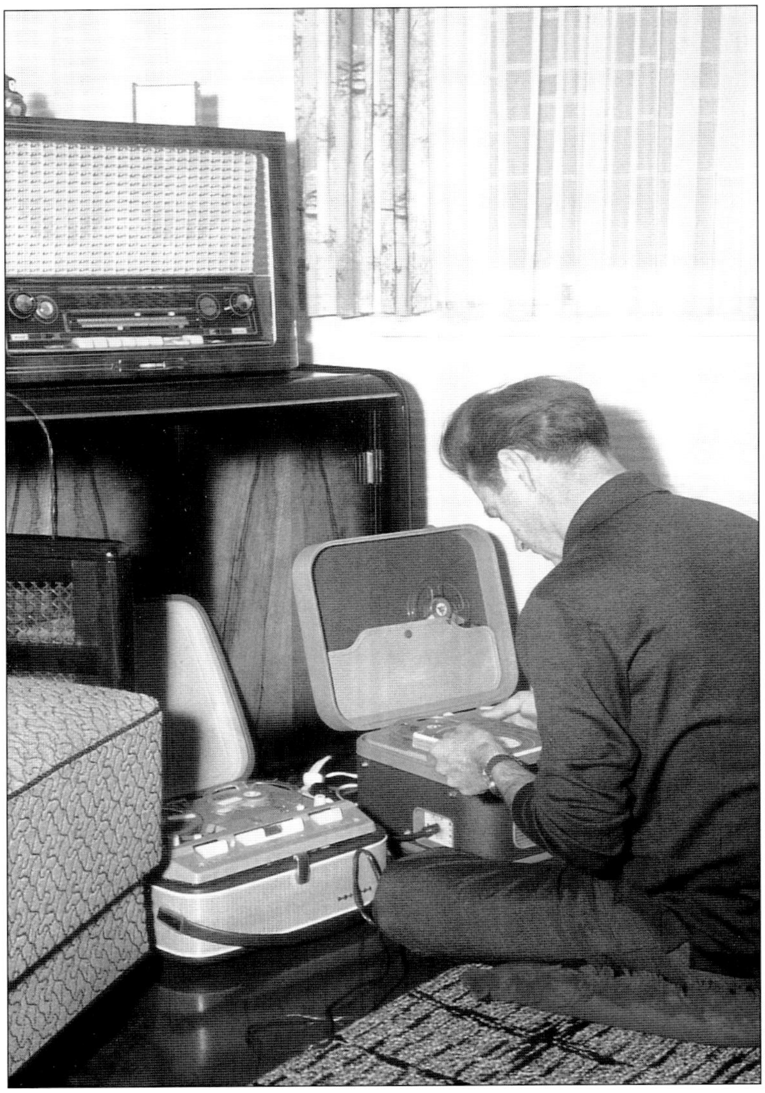

▲ Jugendtreffs, die von den Städten und Gemeinden betrieben wurden, waren beliebte Treffpunkte. Man spielte unter seinesgleichen „Mensch ärgere Dich nicht" oder konnte sich gute Bücher leihen.

◀ Was für eine Errungenschaft: ein Tonband, mit dem man stundenlang Musik wiedergeben kann. Und Platten kauften sich die Jugendlichen auch nicht mehr: Wer gute Musik hatte, gab sie zum Kopieren für die Freunde frei.

▲ Bei einem Gläschen Wein und einer guten Zigarette gefiel es den Herren auch durchaus zuhause. Ein Treffen endete dann mit dem gemütlichen Herrenabend im Wohnzimmer.

▲ In der Küche ist es am gemütlichsten. Frisch aufgebrühter Bohnenkaffee, damals noch eine sehr teure Rarität, schmeckte beim Plausch auch am Herd. Überhaupt war Bohnenkaffee eine Kostbarkeit, wie man es sich heutzutage überhaupt nicht mehr vorstellen kann. Ein Pfund kostete 13,50 DM. Beim damaligen Stundenlohn musste man elf Stunden dafür arbeiten.

Ein beliebtes Wochenendvergnügen waren Ausflüge in die nähere Umgebung. Was gibt es im Nachbardorf zu sehen, was machen die lieben Verwandten, was hat sich in der Stadt getan? All das ließ sich bestens an den freien Tagen erkunden, im Familienverband, unter Freunden oder auch mal ganz alleine.

▲ Im Dorf ging es eher gemütlich zu. Autos brauchten die Bauern nicht und so gab es eben auch nur wenige. Mit dem Fahrrad oder zu Fuß wurde die nähere Umgebung erforscht. Die Kinder waren glücklich, wenn der Vater zum Ausflug auf dem Fahrrad rief.

▲ Aber auch ein Fahrrad zu besitzen war keine Selbstverständlichkeit so kurz nach dem Krieg. Da zierte man sich auch nicht, mit dem feinen Sonntagsstaat auf den Drahtesel zu steigen, um der Verwandtschaft einen Besuch abzustatten.

▼Eine Idylle hoch über den Schornsteinen Wuppertals: Fernab von rauchenden Fabrikschloten trafen sich die Wuppertaler in dieser Gastwirtschaft zum Plausch am freien Nachmittag.

▲ Musik immerzu und überall (hier im Stadtgarten von Gelsenkirchen), das war das neue Lebensgefühl der jungen Generation. Da wurde auch auf der Liegewiese nicht von abgerückt und der Plattenspieler – sehr zum Erstaunen der Kinder drum herum – einfach mitgenommen.

▲ Die Schulen entdeckten bald den Nutzen der Wandertage und so gingen die Jungen und Mädchen mit Verpflegung in der Brottasche mit ihren Lehrern auf Wanderschaft und erlebten Heimatkunde nicht nur an der Wandtafel.

▲ Not macht erfinderisch! Damit ein gehbehinderter Junge nicht auf den Wandertag verzichten musste, durfte er im Handwagen, der von jedem mal gezogen wurde, mit auf den erlebnisreichen Tag.

◀ Mal sehen, was sich in der Stadt getan hat! Nur wenige Dorfbewohner hatten Gelegenheit, sich am Wochenende in der Stadt umzuschauen. In Gießen sah man 1952 noch stark die Überreste des Krieges, während in den Auslagen der Geschäfte schon die neueste Mode auf Abnehmer wartete.

Was machten junge Leute bei schönem Wetter, wenn sie nicht viel Geld hatten, aber trotzdem ihren Spaß haben wollten? Sie gingen Schwimmen. Der Trend zu diesem kostenlosen Sommervergnügen an Flüssen, Badeseen und Kiesgruben war so gewaltig, dass sogar ein Schlager entstand: Die erst achtjährige Cornelia Froboess sang im Jahr 1951 „Pack die Badehose ein" und wurde mit diesem Hit schlagartig berühmt.

▲ Noch kurze Zeit, bevor dieses Foto entstand, durften Frauen öffentlich nur in einem Badeanzug baden. 1946 erfanden die Franzosen den Bikini, der im Winter 1951 in Berlin mit der Wahl der „Miss Badewanne" eingeführt wurde. Von da an startete er einen Siegeszug, der den Kirchen gar nicht gefiel. Sie verteufelten den sexy Zweiteiler als obszön, was ihm zweifelsohne noch weitere Attraktivität verlieh.

▲ Eigentlich sieht es eher langweilig aus mit seinen beiden rechteckigen Schwimmbecken, doch das Heidelberger Tiergartenschwimmbad war im Sommer Anziehungspunkt für viele tausend Besucher, wie die voll belegte Liegewiese beweist.

▲ Samstags wurde noch voll gearbeitet, aber am Sonntag gab es kein Halten mehr. Da traf man sich im Schwimmbad, wie hier im oberhessischen Krofdorfer Freibad, nicht nur zum Planschen, sondern man verbrachte aktiv seine Freizeit mit Sport oder Musik.

◀ Völlig kostenlos, aber vor der prächtigen Kulisse bei Heidelbergs Alter Brücke, gaben sich die Schüler dem Badespaß hin.

▶ Mütter hatten sicherlich ihre Mühe, die Kinder rechtzeitig wieder aus dem Schwimmbad zu holen.

◀ Enten und Gänse gewöhnten sich schnell an die Menschen, die mit ihnen ohne jede Scheu das kühle Nass des Neckars teilten.

◀ Der Dorfbach in Niederkaufungen bei Kassel war für kleine Kinder eine tolle Gelegenheit, sich recht gefahrlos abzukühlen und im Wasser zu toben.

▶ Die Jungen gingen es abenteuerlicher an. Sie schipperten mit dem Ruderboot auf der Weser bei Bremen und träumten sicherlich von der großen weiten Welt und ihrer Zukunft als Kapitäne.

▼ Gefährlicher war da schon das Rudern auf dem Weiher oder wie hier auf einer großen Viehtränke. Ob die Mutter gewusst hat, dass sich ihr kleiner Sohn den Waschzuber für eine Paddeltour ausgeliehen hatte?

◀ Die Weser bei Bremen mit ihren teils flachen, grasbewachsenen Ufern machte es diesen drei jungen Damen leicht, ihrer Lust nach Wasser freien Lauf zu lassen.

▶ „Baden verboten“ – dieses Schild nahm die Gruppe Jugendlicher offensichtlich nicht besonders ernst. Der Spaß am Verbotenen steht den jungen Mädchen und Männern ins Gesicht geschrieben. Das Foto entstand 1953 an der so genannten Adria bei Dresden.

◀ Von Dessau aus ging 1958 der Sonntagsausflug an die Elbe. Die beiden Jungen bewundern einen der letzten Elbe-Dampfer.

Kirmes, Rummel, Messe, Viehmarkt, oder wie sie alle hießen, lockten ganze Besucherscharen an. Die Menschen hatten einfach genug vom Elend der Nachkriegszeit und wollten endlich mal wieder fröhlich sein. Im Kettenkarussell konnte man der neuen Zeit entgegenfliegen, die Achterbahn verursachte Kribbeln im Bauch und im Auto-Scooter war es geradezu Pflicht, die anderen über den Haufen zu fahren. Herrlich! Sich endlich mal wieder gehen lassen und mit dem Mut ganz bewusst an die eigenen Grenzen kommen.

▲Das Nützliche mit dem Angenehmen verbinden war und ist auch heute noch in den ländlichen Regionen gang und gäbe. Beim Kram- und Viehmarkt – hier in Warendorf – stellten Bauern ihre Tiere aus und verkauften sie, Gärtner boten Gerätschaften und Pflanzen an. Daneben gab es aber auch eine ganze Menge Fahrgeschäfte, so dass eigentlich jedermann das für ihn geeignete Angebot fand.

▲Immer im Kreis und das nicht mal besonders schnell. Autofahren war ja noch nicht selbstverständlich und manch einem bot sich die Gelegenheit dazu nur auf dem Rummel.

◀Und abwärts geht's mit Karacho! Die ganze Familie genoss den Achterbahnspaß, der früher ohne Loopings und Spiralen noch recht harmlos war. Die Gondeln brauchten keine Kopfstützen und von Sicherheitsbügeln war noch keine Rede.

◀ Heute wie früher übt die Losbude eine große Faszination aus. Kleine Hände reißen Lose auf, die Hoffnung, den schönen Plüschbären zu gewinnen, ist den Kindern in die Augen geschrieben. Und doch gibt es meistens nur einen Trostpreis, der nach einem kurzen Moment der Enttäuschung aber nicht minder geliebt wird.

▼ Karussell, Losbuden, Ponyreiten, Riesenrad und den Mann mit den Luftballons – all das gab es in den 50er Jahren auf der Kirmes. Nur die Schießbuden gab es noch nicht. Sie waren verboten!

◀ Kegeln auf der Kirmes. Gespannt beobachten der Spieler und die umstehenden Männer, ob die Holzkugel wohl alle Kegel umfallen lässt. Eine Mark hat der junge Mann für das Spiel berappt. Er hofft, diesen Einsatz doppelt als Gewinn zurückzubekommen.

▲ Zu vielen Kirmesveranstaltungen gehört er dazu: der Kirmesumzug! In feinem Sonntagsstaat oder in regionaler Tracht gekleidet ging es zu Fuß, auf dem Wagen oder mit dem Pferd mit Musik und Fahnen durchs Dorf. Für die Kinder wurden Karamellen geworfen, die Älteren trafen sich im Anschluss zum Freibier im Festzelt. Das Foto entstand im nordhessischen Borken-Freudenthal.

▲ Auch er gehörte mit zum Kirmesumzug, der Kirmeshammel, der hier mit zwei Kirmesmädchen den Festzug anführt. Noch weiß das schmucke Tier nichts von seinem Schicksal, denn im Verlauf der Kirmes wurde es verlost und landete dann sicherlich im Kochtopf.

◀ Ankündigungen für fröhliche Spektakel fanden überall Platz. Hauptsache, sie wurden gesehen und es kamen viele Leute.

▶ Tanzvergnügen am Rande des Dorfes in Altheim auf der Alb. Das Fohlen gab der Veranstaltung ihren Namen: Füllestanz! Beim Tanz ging es darum, einen bestimmten Stecken aus der Erde zu ziehen. Das siegreiche Paar bekam zwar ein paar einfache Geschenke als Gewinn, musste sich aber im Anschluss daran mit Freibier im Festzelt revanchieren.

▲ Auch so ein Treffen machte Freude: Beim Lagerfeuer singen diese jungen Männer die neuesten Songs zur Gitarre.

▶ Offiziell gingen die Jugendlichen elegant gekleidet aus. Mit Trenchcoat und Hut konnte man sich bestens bei öffentlichen Veranstaltungen zeigen.

▲ Eng ist gemütlich: Bier und Bowle gab es zum Faschingsfest, das auf engstem Raum im Wohnzimmer gefeiert wurde. Spaß dabei hatten die Besucher offensichtlich trotzdem.

◄▼ Waghalsige Tanzeinlagen kennzeichneten den Boogie-Woogie, der Mitte der 50er Jahre in den Rock'n' Roll überging. Die Mädchen schwangen in Petticoats ihre Beine. Die Rock'n' Roll-Welle schwappte aus Amerika nach Deutschland und bescherte Stars wie Peter Kraus und Ted Herold eine beispiellose Karriere.

**Tanz auf dem Vulkan**

Am Sonntag, dem 7. 12. 1952, 20 Uhr, **Meyers Garten**

**Boogie-Woogie-Städteturnier**

**Hamburg - Lüneburg**

Es starten für:

| **Hamburg:** Die 3 Meisterpaare v. Jam-Club Florida | **50,- DM d. Siegerpaar** | **Lüneburg:** Die 3 Meisterpaare v. Jazz-Club Lüneburg |
|---|---|---|

Es spielen zwei Kapellen:

**Kapelle H. Bonk** | **Kapelle E. Heuser**

Vor, zwischendurch und nach dem Turnier Tanz ohne Pausen
Karten im Vorverkauf 1,50 DM bei Niemeyer u. Meyers Garten

▶ Als Elvis Presley im Jahr 1958 seinen Militärdienst antrat und in Bremerhaven ankam, gab es für viele seiner Fans kein Halten mehr. Mehr als 5000 Jugendliche begrüßten ihn bei seiner Ankunft, sangen seine Lieder und schwenkten Plakate.

◀ Jeder wollte so sein wie Elvis Presley! Zum Outfit gehörten die Lederjacke und die unverkennbare Haartolle. Wer auch noch singen und Gitarre spielen konnte, war besonders fein raus.

▶ Es dauert schon ein wenig, bis ein Musikstück so richtig sitzt. Diese jungen Männer proben ernsthaft und voller Konzentration für ihren Auftritt in Hannovers Catacombe.

◀ Gewagt, gewagt! Zum Rosenmontagsball zeigten die beiden Schönheiten mit leichter Bekleidung ihre besonders hübschen Seiten.

▼ Wohl dem, der ein Auto hatte und das Essen für eine Wandergesellschaft zum vereinbarten Treffpunkt bringen konnte. Ein Teil der Gesellschaft lief zum Picknick, der andere fuhr und brachte Getränke und Würstchen mit. Dann wurde gefeiert, gesungen und gelacht, bis man am Abend wieder den Heimweg antreten musste.

◀ Todmüde von der langen Reise und der anstrengenden Veranstaltung: 1956 kamen diese Ostdeutschen zum Katholikentag nach Köln.

▼ Das Konsum-Volksfest in Dessau im Jahr 1957: An der Imbissbude kostete ein Schnitzel mit Brötchen nur eine Mark!

Was sind Kinder doch für faszinierende Wesen! Leid und Entbehrungen sind schnell vergessen. So auch in den 50er Jahren. Wenn auch die Zeit zunächst noch von Armut, Hunger und Wohnungsnot geprägt war, so schauten die Jungen und Mädchen doch hoffnungsvoll in die Zukunft und gewannen auch der schlechtesten Zeit noch etwas Gutes ab. Vergessen war der Krieg mit seinen Schrecken, die Kleinen wollten es besser haben und steuerten das Wertvollste bei, das sie geben konnten: Lebensmut und Lebensfreude!

▲Endlich Sommerferien! Mit Tornister und Rucksack auf dem Rücken warten diese Mädchen und Jungen auf die Abfahrt ins Ferienlager. Dort wartet jede Menge Sport, Spiel und Spaß unter ihresgleichen auf sie.

▶Ein einfaches Mahl in einer Pause bei der Fahrradtour. Diese drei Jungen begnügen sich mit leckeren Äpfeln, die sie am Wegrand gepflückt haben, bevor sie wieder auf ihre Drahtesel steigen und die Umgebung von Bremen erkunden.

▲ Die Jüngsten der ostdeutschen Kinder treten bei den „Jungen Pionieren" ein und erhalten dort die Möglichkeit, ihre Fähigkeiten zu entwickeln. Ferienlager werden von den Betrieben eingerichtet. Dort haben die Kinder der Belegschaft die Möglichkeit, ihren Urlaub zu verbringen.

◀ Im Osten Deutschlands wird auch die Freizeit für die Jugend von oben kontrolliert. In Ferienlagern, die von den Lehrern organisiert werden, wird rundum für sie gesorgt. In den fünfziger Jahren gibt es dort schon ein großes Freizeitangebot für die Kinder. Spielen, Schwimmen, Lesen und Theater spielen stehen ganz oben auf der Hitliste. Im Sinne der vorherrschenden Staatsziele werden die Kinder dort erzogen.

▶ Humor ist, wenn man trotzdem lacht, und gute Laune gehörte zum Aufenthalt im Ferienlager. Sketche und lustige Einlagen, bei denen mancher auch mal das Opfer war, bereicherten den Ferienalltag.

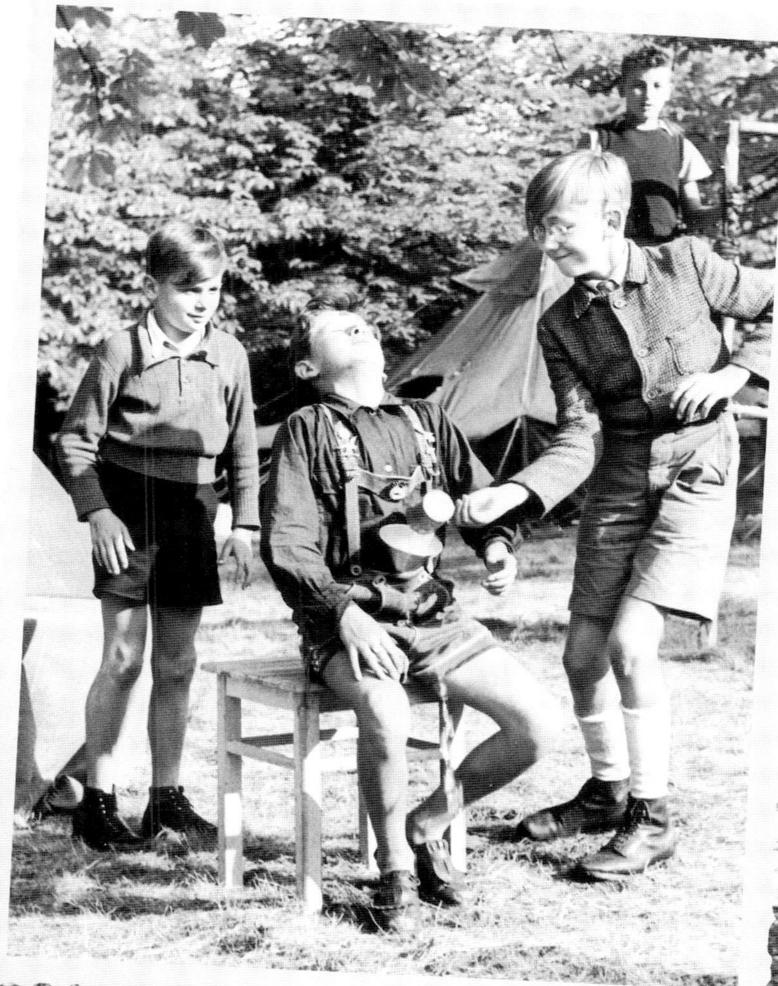

▼ In Westdeutschland bemühten sich Vereine, Kirchen und Verbände mit staatlicher Unterstützung, Ferienlager für Kinder und Jugendliche anzubieten. Es wurde in Zelten übernachtet und viel gemeinsam gemacht, wie hier zum Beispiel in fröhlicher Runde gesungen.

▼Verkehrserziehung kann auch lustig sein. Mit Kasperlepuppen und einem fröhlichen Spiel versuchte die Bremer Polizei erfolgreich, Kinder auf die Gefahren im Straßenverkehr hinzuweisen.

▲Was da wohl auf der Bühne vor sich geht? Die Aufregung und Anteilnahme bei der Kaspervorführung eines Puppentheaters steht den Kindern buchstäblich ins Gesicht geschrieben.

◀Ein beliebtes Spiel im Nachkriegsdeutschland war Seilhüpfen bei den Mädchen. Bis zu vier Mädchen hüpften über das Seil, das von zwei anderen Kindern geschlagen wurde.

▲Tauben, heute ein nicht gerne gesehener Bestandteil der Innenstädte, faszinieren ein kleines Kind in Bremen. Den Mann, der mit den Vögeln besonders vertraut ist, betrachtet die kleine Dame skeptisch.

▶Faszination Drehorgel: Wo immer der Drehorgelmann auftauchte, waren die Kinder nicht weit. Wenn er seine Lieder abgespult hatte, bekam er einen Groschen als Lohn.

▼Unter beschwörenden Zurufen der Eltern und anderer Zuschauer flitzen die kleinen Herrschaften dem Ziel beim Eierlaufen entgegen.

▲Bei Umzügen oder Festen waren die Kinder fester Bestandteil, wie hier beim Schützenfest, wo ein Sackhüpfen für sie veranstaltet wurde.

◀Kinderspielplätze waren noch Mangelware. Da suchte man sich eben andere Plätze zum Klettern und Herumtoben.

▼ Spielplätze wurden zu Treffpunkten der Kinder, wo sie Streiche ausheckten, Abenteuerspiele spielten oder sich – wie hier – wie die Hühner auf der Stange ausruhten.

▲ Mit zunehmender Motorisierung erkannten die Städte und Gemeinden die Wichtigkeit von Kinderspielplätzen, die begeistert angenommen wurden.

▼ Auch die Mütter suchten und fanden ein bisschen Ruhe auf den Spielplätzen. Während ihre Kleinen im Sand buddelten oder schaukelten, war Zeit für einen kurzen Schwatz mit anderen Müttern.

▲Was braucht's einen See oder gar ein Schwimmbad, wenn der Bach direkt vor der Haustür vorbeiführt? Da hält auch die Umzäunung die Kinder nicht mehr und sie hüpfen ins kühle Nass.

◀Auf dem Kriegspfad: Kleine Jungen haben beim Indianerspiel ein Mitglied vom verfeindeten Stamm gefangen.

▶Baukästen von Märklin regten die Fantasie und Baulust der Kinder an. Typisch für die 50er Jahre: Der Märklin-Baukasten wurde nur Jungen geschenkt.

Sperrholz, ein Lenkrad, Reifen, eine Handvoll Nägel und etwas handwerkliches Geschick waren die Grundlagen, eine Seifenkiste zu bauen. Seifenkistenrennen waren ein beliebtes Spektakel, zu dem nicht nur die Angehörigen der jugendlichen Fahrer kamen. Dicht gesäumt standen die Zuschauer am Straßenrand und feuerten die Rennfahrer an. Die Rennen waren so beliebt, dass es sogar Ausscheidungen bis hin zur Deutschen Meisterschaft gab.

▶ Start und los! Von der Ablaufbühne ging es die Rampe hinab auf die Strecke. 29 bis 30 Sekunden brauchten sie für die Strecke, für ein sanftes Ende sorgten Strohballen, die die Fahrzeuge ohne Bremsen stoppten.

▲ Gespannt beobachten die jungen Fahrer ein Rennen, das sich auf der Bahn abspielt. Das Alter der Fahrer musste zwischen elf und fünfzehn Jahren sein. Auch die Größe der Seifenkisten war genau vorgeschrieben.

▶ Auch Segelfliegen will gelernt sein. Auf dem Dörnberg bei Kassel wurde der Schulgleiter zum Üben mit Gummiseilen für einen kurzen Luftsprung angezogen.

▼ Nein, das ist kein zur Seifenkiste umgewandeltes Flugzeug, sondern ein notgelandeter Doppeldecker. Die Flügel sind für den Abtransport abgenommen worden.

Der Sonntag war für die Deutschen ein ganz besonderer Tag, bot er doch die einzigen freien Stunden in der Woche. Samstags wurde noch gearbeitet und so gönnte man sich sonntags ein paar Stunden mit der Familie, ein paar Stunden alleine in der Kneipe um die Ecke oder einen Spaziergang mit Freunden. Erst im Verlauf der 50er Jahre versuchten die Gewerkschaften unter dem Motto „Samstags gehört Vati mir" die Samstagsarbeit zu reduzieren.

▲„Ein Korn, ein Bier, das lob ich mir!" Im Dorfkrug treffen sich die Männer zum Bier und Gedankenaustausch. Wenn es ein bisschen länger als geplant dauert, hält die Wirtin ein kleines Mahl bereit: Mettenden mit Brötchen stehen fix und fertig im Glaskasten auf der Theke.

▲Nach einer Winterwanderung treffen sich die Mitglieder eines Männerchores im Wirtshaus und lassen den Nachmittag gemütlich ausklingen. Zwischendurch werden die Gäste mit dem Repertoire des Chores unterhalten.

▶Zum Mittagessen, Kaffeetrinken und Abendessen im Gasthaus sind im Anschluss an eine Trauung die Hochzeitsgäste eingeladen worden. Auf dem Land schauten sich die verheirateten Ehefrauen das neue Zuhause der Braut genau an. Die jungen Leute interessierte das weniger: Sie verschwanden mit einem eigenen Musiker zum Tanz in die anderen Wirtschaften des Ortes.

▶ Sonntags kann der Vater seiner heimlichen Leidenschaft frönen und gleichzeitig Zeit mit seinen kleinen Söhnen verbringen. Ihnen zeigt er die Funktionsweise seiner Uhrwerk-Eisenbahn, Marke Märklin.

◀ In Tracht und feiner Sonntagskleidung geht es zur Taufe. Die Patin trägt das Taufkissen, in das das Baby gelegt wird.

▲Ein Männerausflug mal ganz anders. Zwei Väter schieben ihre Babys im Kinderwagen spazieren. Assistiert wird ihnen dabei von den beiden kleinen Söhnen.

◀Die Inventar-Versteigerung eines landwirtschaftlichen Betriebes sorgte für das Zusammentreffen alter Bekannter aus weit auseinander liegenden Dörfern. An langen Tisch- und Bankreihen saß man dann beim Bier und freute sich über die Schnäppchen, die man gemacht hatte.

▲Stolz zeigt die Radabteilung beim Umzug zum Sportfest in einem oberhessischen Dorf ihre Mann- und Geräteschaft.

▶Der Jesuitenpater Johannes Leppich reiste durch die Länder und predigte sonntags auf offener Straße. Wegen seiner markanten, volksnahen Sprüche wurde er auch „das Maschinengewehr Gottes“ genannt.

Die DDR und die BRD gingen in den 50er Jahren im Sport verschiedene Wege. Sport war im Osten wesentlich wichtiger als im Westen und wurde zur Staatssache erhoben. 1952 wurde beim Ministerrat der DDR das staatliche Komitee für Körperkultur und Sport unter dem Vorsitz von Manfred Ewald eingerichtet. Der Deutsche Sport Bund brach daraufhin den Kontakt mit der DDR wegen der Ausklammerung West-Berlins ab. Im Westen etablierten sich immer mehr Vereine, bei denen Jugendliche je nach ihrer sportlichen Neigung Aufnahme fanden.

▲So einen Luxus hatte nicht jeder: Diese superschicken Rollschuhe finden große Bewunderung bei den kleinen Mädchen, die bereits auf der Rollschuhbahn stehen. Die meisten Kinder hatten nämlich nur Metallschienen mit Rollen daran, die unter die normalen Schuhe geschnallt wurden.

▲Im Turnverein brachten diese Jungen und jungen Männer geradezu artistische Leistungen.

▶ Spaß bei Kinderspielen auf Rollschuhen haben auch diese Jungen und Mädchen auf der Rollschuhbahn am Frankfurter Mainufer. Hier begann auch die Karriere der Eiskunstläuferin Marika Kilius.

▶Das Freibad war auch Trainingsort für Wettkampfschwimmer, von denen hier eine Handvoll stolz auf der Liegewiese posiert. Das Foto wurde 1953 im Freibad Grinberg in Gelsenkirchen aufgenommen.

◀Bei einem Betriebsfest in Kiel organisierte die englische Besatzungsmacht Anfang der 50er Jahre als Attraktion ein Kinderboxen.

▶Da kann man seine Kraft mal so richtig unter Beweis stellen! Beim Sommerfest haben diese Männer in Schlips und Kragen einen riesigen Spaß beim Tauziehen.

Was sind die Deutschen ohne Fußball? Wohl gar nichts! 1950 gründeten sie den Deutschen Fußball Bund wieder, doch niemand aus den anderen Ländern wollte mit ihnen spielen. Als Erstes erbarmte sich die Schweiz und verlor prompt das Spiel, das in Stuttgart ausgetragen wurde, mit 0:1. Auch in der DDR wurde Fußball gespielt. Sie verlor ihr erstes Länderspiel 1952 in Warschau gegen Polen mit 0:3. Erst 1954 wurden die Deutschen wieder zu einer Fußball-Weltmeisterschaft zugelassen. In Bern siegten sie im Endspiel gegen Ungarn durch ein Tor von Helmut Rahn sechs Minuten vor Schluss mit 3:2. Die Weltmeister wurden in Westdeutschland frenetisch als Helden von Bern gefeiert.

▲Bis auf den letzten Platz besetzt war oft das Fußballstadion des damaligen Bundesligisten Wuppertaler SV.

▲Ein dynamisches Bild, das den Torhüter im Fluge zeigt. Auch hier wird die Faszination des Fußballs durch volle Zuschauerränge bestätigt.

▶Auch Fußballstar „Stan" Libuda (zweiter von rechts) hat mal klein angefangen. Der spätere Nationalspieler und Star des FC Schalke 04 spielte hier bei der Kreisauswahl Gelsenkirchen im Jugendspiel gegen die Kreisauswahl Lemgo.

▲ Eine Fußballlegende auf dem Weg zur Ehrung: Fritz Walter wurde mit dem 1. FCK 1954 Deutscher Meister und wurde in Ludwigshafen von der Bevölkerung begeistert empfangen.

▲ Auf der Dorfwiese spielten die Jungen Fußball und eiferten ihren Vorbildern nach.

◄ Jede Schulklasse hatte ihre eigene Fußballmannschaft, die so genannten elf Auserwählten. Sie traten auf dem Schulhof gegen die anderen Klassenmannschaften an.

► Auf den ländlichen Fußballplätzen ging es noch lange nicht so luxuriös zu wie in den Stadien der Städte. Nach dem Spiel wuschen sich die Spieler den gröbsten Dreck am Wassereimer weg.

Wohl denen, die im Winter viel Schnee haben. In den Teilen Deutschlands, wo Schneesicherheit herrscht, war im Winter viel los. Ski- und Bobfahren gehörte zu den In-Sportarten. Bei den Kindern kam auch das Rodeln nicht zu kurz.

▲ Bully, Tor! Sportarten wie Eishockey fanden auch schon in den 50er Jahren bei den Jugendlichen Beachtung. Hier üben sich Kinder mit einem alten Ball als Puck und Weidenstöcken als Schläger als Kufencracks.

◀ Sicher waren die Bobs noch in keiner Hinsicht. Die Körper der beiden Fahrer waren vollkommen ungeschützt. Das wurde dem Schweizer Felix Endrich zum Verhängnis: Er verunglückte bei der Bob-Weltmeisterschaft im Jahr 1953 in Garmisch-Partenkirchen tödlich.

Nicht gerade ungefährlich war für die Zuschauer der Platz an den engen Kurven der Bob-Bahn. In Hinterzarten im Schwarzwald fanden 1954 die ersten südwestdeutschen Zweier-Bob-Meisterschaften statt.

▲Schaufeln für die Meisterschaften. Auf der Bob-Bahn in Hinterzarten bringen Helfer eine Kurve in Form.

▲Reisebusse voller Skifahrer fuhren zum Feldberg im Schwarzwald. Noch gab es keine Skianzüge. Man fuhr in Knickerbockern mit Kniebund und Überschlag.

▲Wo immer eine Eisfläche entstand, schnallten die Kinder ihre Kufen unter und begannen zu laufen. Beliebtes Spiel war die Eisenbahn auf Schlittschuhen, bei der man höllisch aufpassen musste, dass man im Takt mit den anderen Läufern blieb.

▲Ein Wandertag auf den Brettern: Wenn es knackig kalt und der Boden vom Sportplatz gefroren war, fand der Sportunterricht auf Skiern statt. Mit seinen Schülern zog es den Lehrer dann zu einer Wanderung hinaus in die verschneite Landschaft.

In den 50er Jahren hatte das Kino seine große Zeit. Ein paar Stunden im dunklen Vorführsaal entführten die Menschen vom Alltag in eine Traumwelt aus Glück und Harmonie. In Hannover gab es Ende 1950 52 Kinos mit fast 30 000 Sitzplätzen. Die Schauspieler konnten die Zuschauer hautnah erleben, denn sie kamen zu den Premieren und geizten auch nicht mit Autogrammen. Die Menschen drängelten sich dann vor den Lichtspielhäusern, ganze Straßen mussten gesperrt werden, weil die Polizei der Menschenmassen nicht mehr Herr wurde. Die Filmhysterie währte nur dieses eine Jahrzehnt. Dann kauften sich immer mehr Familien einen Fernseher. Man blieb zuhause auf dem Sofa hocken und beendete damit eine gigantische Ära.

▲ In den Städten und Zeitungen wurde massiv Werbung für das Kino gemacht. In Schaufenstern war neben der Bekleidung Platz für Filmplakate gemacht worden, Litfaßsäulen wurden mit Plakaten zugeklebt, Motorroller und Autos mit Kinotiteln beklebt fuhren Reklame. Hinzu kamen Postwurfsendungen, die auf die neuesten Filmtitel aufmerksam machten.

◀ Jede freie Fläche wurde mit Filmplakaten zugekleistert.

▼ Wenn Stars zur Premiere kamen, dann war – wie hier in Hannover – kein Halten mehr. Menschenmassen drängelten sich in den Saal, um die Stars aus der Nähe zu betrachten.

▲ Neben den neuesten Schallplatten und Radiogeräten war in diesem Schaufenster noch Platz für ein Plakat, das für einen Heimatfilm warb.

▲ Vico Torriani, zu Gast in Hannover, löste einen Verkehrsstau auf der Georgstraße aus. Ganz Hannover war auf den Beinen, um den Star zu sehen.

▲ Sogar, als er sich als Müllmann verkleidet hatte, wurde Vico Torriani noch erkannt und gab amüsiert seinen Fans Autogramme.

► Eines der Traumpaare in den 50er Jahren, das hier eine Autogrammstunde gibt: Maria Schell und Dieter Borsche. Auf dem Foto im Hintergrund sieht man einen weiteren Star dieser Zeit, Hans Albers.

▲ Stars mal ganz privat: Gustav Fröhlich im Gespräch mit Zuschauern.

▼ Wenn er in der Nähe war, liefen die Mädels Sturm: Claus Biederstaedt musste sogar noch in der Garderobe Autogramme geben.

▼ Patent, immer fröhlich und um eine Rede nie verlegen, das war Grete Weiser, die hier gemeinsam mit Paul Hörbiger und Karl-Heinz Walter zu einer Premierenfeier nach Hannover gekommen war.

▶ „Alt-Heidelberg“ war der Titel des Filmes, der die damals erst 17-jährige Sabine Sinjen berühmt machte. Mit in dem Film spielten Christian Wolff (auf dem Foto) sowie Gert Fröbe und die ebenfalls blutjunge Hannelore Elsner.

▲ Das Traumpaar des Schlagers, Rex Gildo und Gitte, stand in Heidelberg für den Film „Jetzt dreht die Welt sich nur um Dich“ vor der Kamera.

▶ Auch so sah Kinowerbung aus: Hoch zu Ross gingen die Reiter des Reitclubs Lüneburg auf Reklametour und bekamen dafür fünf Mark Stundenlohn.

Schon bald keimte in den Nachkriegsjahren das Bedürfnis nach nicht nur praktischer, sondern besonders nach modischer Kleidung auf. Schicke Kleider, modische Hutkreationen und vor allem die hauchdünnen Nylonstrümpfe waren sehr begehrt. Modenschauen, bei denen Modells vorführten, was Frauen in der großen weiten Welt trugen, fanden großen Zulauf und wurden von den großen Kaufhäusern organisiert. Während sich im Westen die Industrie blitzschnell auf diese Trends einstellte, hinkte die Textilindustrie im Osten hinterher und schenkte den modischen Wünschen der Frauen wenig Beachtung.

◀ Einen Pelz, kuschelig warm, weich und edel – genau das brauchte die Frau in den 50er Jahren. Von Tierschützern gab es damals noch keine Spur. Die modische Frau konnte noch unbelästigt einen Pelzmantel tragen.

▲ Wenn es um Modenschauen geht, spielt das Alter der Zuschauerinnen keine Rolle. Ob jung oder alt, alle kamen sie, um zu sehen, was Frau so in der Zukunft trägt. Skeptische Blicke demonstrieren jedoch, dass die ein oder andere Besucherin sich mit dem neumodischen Schnickschnack nicht unbedingt anfreunden konnte.

▼ Eine spezielle Ausstellung unter dem Motto „Die Welt der Frau“ wurde 1956 in Ost-Berlin veranstaltet. Frauen im Ostteil Deutschlands verbanden öfter als im Westen Haushalt, Familie und Beruf. Darin fanden sie durch den Staat große Unterstützung.

◀▲▶ Weniger Beachtung fand die Mode in Ostdeutschland, die eher praktisch und bieder war. Begehrt waren daher die Frauen, die Verwandtschaft im Westen hatten und von dort Päckchen mit modischer Bekleidung bekamen.

▲Auch an den Männern ging die Mode nicht vorüber: Mäntel und der passende Hut dazu waren Pflicht für den modebewussten Mann.

▲Schon Anfang der 50er gab es bereits wieder die ersten Pelzmäntel, allerdings zunächst nur aus Kaninchenfell.

▲ Ein Hut, ein guter Mantel und Handschuhe gehörten bei den Männern zur anständigen Sonntagskleidung, auch wenn man für diese teure Kleidung auf vieles verzichten musste.

▲ Knöchellang war out, man zeigte Bein und begeisterte damit die Männerwelt. Bei den Kleidern waren große Muster, am meisten Blumenmuster, angesagt.

▶ Eigentlich eher bei den Jungen hoch im Kurs standen die Lederhosen und fesche Trachtenhütchen dazu. Die Lederhosen waren herrlich unempfindlich. Man stellte sie abends vors Bett und hüpfte morgens wieder hinein.

In allen Städten wuchsen die Kaufhäuser wie die Pilze im Wald. Karstadt, C&A und andere zeigten in ihren Schaufenstern, was die moderne Frau anzieht. Mit Dumpingpreisen zu Schlussverkäufen lockten sie die Frauen in Scharen in ihre Häuser. Jetzt, nachdem die Zeit der Bezugsscheine vorbei war, gingen sie zu gerne zum Einkaufen und genossen die Freizügigkeit. Dennoch konnten sich nicht viele die neue Mode leisten. Schauen war okay, kaufen nicht unbedingt. Da griff man dann doch zuhause zu Wolle und Stricknadeln oder setzte sich an die Nähmaschine und verarbeitete die Fallschirmseide, die billig auf dem Markt war.

▶Junge Damen stehen vor den Auslagen des Geschäftes „Die Goldschmiede" in Wiesbaden und betrachten das große Angebot an Bernstein und modischem Silberschmuck.

◀Perlons, Nylons oder die Halterlosen – sie gehörten zu dem Erotischsten und Begehrtesten, was es in den 50er Jahren gab. Der Strumpfhersteller „Opal" nutzte die Ausstrahlung seiner Beintextilien sogar für eine Misswahl.

◀ Zum Teuersten, was die Frau in den 50er Jahren kaufen konnte, gehörte die Mode des Italieners Emilio Schuberth. 1957 kam er mitsamt seinen Starmannequins nach Wiesbaden und präsentierte seine aktuelle Kollektion: Tunikakleider, geschlitzte Ensembles und Rokokolinie.

▶ Die Eintrittspreise zur Schuberth-Modenschau waren astronomisch hoch. Kaum jemand konnte sich dieses Spektakel leisten, geschweige denn, seine Mode kaufen. Zu Emilio Schuberths Kundinnen gehörten denn auch nur Frauen von den obersten Zehntausend, unter anderem Sophia Loren, Ava Gardner und Soraya, die erste Frau des Schahs von Persien, und Reza Pahlewi.

In den Zeiten des Wirtschaftswunders gab es recht schnell eine Gesellschaft, die sich aufgrund ihres Vermögens wesentlich mehr leisten konnte als andere. Man ging ins Casino und Theater, besuchte öffentliche Veranstaltungen wie Rennen und Reitturniere und zeigte einfach gerne, dass man es „zu etwas gebracht" hat. Die „feine Gesellschaft" war gerne unter ihresgleichen und grenzte sich vom Mann auf der Straße ab. Man war wieder wer und demonstrierte das auch nachhaltig.

▲Schon die Gestaltung des Restaurants verrät dessen Exklusivität: Die Wände und Decken sind mit dunklem Nussbaumholz vertäfelt, Intarsien aus hellem Ahornholz bilden einen Kontrast. Die Kellner sind höflich zurückhaltend und ihre Haltung ist devot. Die Gäste gehören eindeutig zu den besser Gestellten.

▼Hier trafen sich die Reichen und die Schönen: Die Brunnenkolonnade in Wiesbaden wurde nach dem Krieg als verglaste, lichtdurchflutete Wandelhalle wieder aufgebaut und im April 1952 wieder eröffnet.

▲Auch das konnten sich nur die Reichen leisten: Im Wiesbadener Kurhaus aß man auf der Empore und konnte dabei den Roulettespielern im Spielsaal zusehen.

◀ Das berühmte Kaffee Blum in der Wilhelmstraße in Wiesbaden, das in den 50er Jahren mit einer Infrarotanlage Aufsehen erregte. Die Anlage ermöglichte auch bei kaltem Wetter den Aufenthalt an den Kaffeetischen im Freien.

▼ Wer hat das schönste und teuerste Auto? 1957 stellten Autobesitzer ihre Wagen, darunter auch einen amerikanischen Cadillac, bei einem Wettbewerb aus. Wert der Autos: Zwischen 7 000 und 47 000 DM.

▲Das kulturelle Leben spielte sich im Theater ab, wie hier in Ost-Berlin. Er im dunklen Anzug. Sie im kleinen Schwarzen – das war die angebrachte Kleidung für das Kulturereignis.

▲Man trifft sich im Opernhaus. Wer genügend investierte, konnte sogar auf der Empore sitzen oder bekam vielleicht sogar eine eigene Loge. Die Aufnahme zeigt das Opernhaus in Ost-Berlin.

▶Mit dem Porsche zum Reitturnier nach Lennep im Bergischen Land. Für den Reitsport interessierten sich hauptsächlich reiche Leute. Dementsprechend nutzte die Wirtschaft diese Veranstaltungen als Präsentationsorte und stellte teure Autos aus oder veranstaltete in den Pausen exklusive Modenschauen.